PRINCIPIOS DE ÉTICA MINISTERIAL CRISTIANA

MÓDULOS DE FORMACIÓN DE CARÁCTER ÉTICO

Y ÉTICA PRÁCTICA EN EL PASTOREO

VOLUMEN 4

DEDICATORIA Y RECONOCIMIENTOS

A la Divina Trinidad que ha sido la fuente de inspiración en mis ministerios.
A mi amada esposa Evangelina por su amor, apoyo y paciencia
durante nuestra vida juntos.
A mi hijo Alex, mi compañero en mis intereses editoriales
y en nuestros ministerios juntos.
A mis maestros del Instituto Teológico "San Pablo" de Portales,
que sembraron en mí mi amor por la Santa Biblia.
A mis alumnos en Guanajuato y en los Estados Unidos
que me forzaron al estudio constante.
A mis alumnos y consiervos, Filiberto Solís, Pedro y Rosaura Cuevas
por colaborar en mis intereses editoriales mostrando siempre su amor en Cristo.
A muchísimos hermanos colaboradores en los Institutos a mi cargo que fungieron
como asistentes, instructores, redactores y capturistas de los materiales en
preparación para las diferentes materias.

Derechos Reservados(c), 2018 por Graphé Publicaciones
Todos los derechos reservados; protegida por Éxodo 20:15
PO Box 2403 • Pico Rivera, CA 90662 -2403
Email: graphepub@aol.com
Diseño Editorial: Graphé
Portada: Graphé
ISBN: 978-0-9859143-6-3
Printed in the USA
Impreso en los Estados Unidos

graphē

ÍNDICE

PREFACIO

Dos años antes de pasar lista en el Reino de los Cielos, el amado siervo de Dios, Director General de Movimiento ICi, Felipe Sánchez Muñiz, nos asignó a tres de sus colaboradores, el trabajo de empezar a escribir una Ética Ministerial para la Iglesia Cristian Interdenominacional, pensando en la importancia de unificar los criterios de trabajo de nuestros pastores, misioneros y obreros dispersos en nuestra amada Republica Mexicana. La parte que a mí me correspondía, la entregué poco después de su partida a la Secretaria de Educación, sin recibir alguna respuesta; sin embargo, esto me fue sumamente útil en el Presbiterio de Guanajuato, entonces a mi cargo en la formación de nuevos líderes.

Hoy, después de más de 20 años, resulta interesante encontrar que, en esa misma época, la preparación académica en la Ética Ministerial, era también, no solo deficiente en los seminarios en los Estados Unidos, sino nula, pues no se enseñaba. El consenso de que el ser llamado al ministerio significaba tomar por hecho ser honrado y moralmente ético para dirigir una congregación del Señor Jesucristo, había llegado a su fin, con las tormentas sociales, los cambios tecnológicos y las nuevas corrientes filosóficas que surgieron. A tal grado golpeó a la Iglesia de Cristo dicha confusión, que según estadísticas citadas por autores de textos de Ética, se desató en varios Movimientos Evangélicos el cese de pastores, por cometer actos vergonzosos o fraudulentos, por los cuales varios de ellos fueron sentenciados a varios años de prisión.

¿Cuáles fueron las principales razones que produjeron tales desmanes? La primera fue el consenso general que se tenía hasta este punto, que los ministros, por haber tenido un llamamiento de parte de Dios, deberían ser éticamente aptos para dirigir una congregación cristiana. Otra de ellas fue el desconocimiento o ausencia de reglas precisas propuestas por el cuerpo de dirigente de dichos pastores, así como la falta de parámetros establecidos que sirvieran de brújula para no perder de vista el centro ético de su actuación ministerial, ante la tentación de lo ilegal o inmoral en el servicio a Dios.

Estos manuales sobre la Ética Ministerial seguirán siendo publicados y, a su tiempo, actualizados, con el fin de ajustarse a todos los retos de los desvíos morales que vayan apareciendo en el mundo como amenaza hacia la moral cristiana. Damos gracias a Dios porque tanto los seminarios como las casas editoriales evangélicas, durante esos años se han dedicado a detectar la actitud del mundo moderno que, con su influencia secularista hoy en día representa una abierta y constante amenaza para la moral cristiana, y ellos se han preocupado por instilar las enseñanzas éticas con técnicas y aplicaciones cada vez más útiles y adecuadas a los reto del mundo, para hacerles frente a las amenazas de Satanás que antaño, destruyeron tantos ministerios.

Verdaderamente glorifico a nuestro Dios que, en su fidelidad, ha cumplido su promesa a través de los siglos, de que nos enviaría en su lugar, como vicario suyo, al Espíritu Santo para resguardar a la Iglesia contra toda amenaza de las fuerzas malignas, sabiendo que sin su ayuda seriamos fácil presa de la destructiva argucia del maligno. Siglo tras siglo lo ha intentado, pero siempre ha fracasado.

Como servidores del Señor Jesucristo, los que tenemos el glorioso ministerio de guiar el rebaño del Señor "junto a las aguas de reposo y los delicados pastos", debemos estar sumamente agradecidos de que las casas editoriales sigan publicando estos y muchos otros materiales para enriquecer nuestra capacidad de ser cada vez más eficientes en nuestros quehaceres ministeriales y así, un día no lejano, poder escucharle decir: ¡Buen siervo y fiel!

EL AUTOR

MODULO UNO
FORMACIÓN DEL CARÁCTER
ÉTICO DEL QUE MINISTRA

PARTE I. DEFINIENDO LA CONFIABILIDAD EN EL MINISTERIO PASTORAL.

Empezaremos este tema relatando una triste historia[1] sobre la cual debemos de meditar. Por favor lea 1 Sam. 2:31-3:20, antes de seguir.

➤ Israel se encuentra con el problema de que *el liderazgo ha cedido al tiempo.* El profeta Elí, ciego y anciano ya, no puede continuar llevando las riendas que tan hermosamente había logrado llevar a cabo durante sus años de juventud, fuerza y vigor. *La corrupción había invadido su ministerio,* el cual llevaba a cabo *en unión de sus hijos,* quienes habían caído en un estado de *inmoralidad extrema,* sin que el sacerdote pudiese siquiera controlarlos.

➤ Era ya un murmurar constante en los labios del pueblo, que *hacía burla de esta situación,* pero la aceptaban. Y de forma inexplicable para nosotros, aparece en la escena *un niño de nombre Samuel.*

➤ Éste recibe el mensaje de Dios directamente y tienes que platicárselo al anciano Elí.

➤ Que gran responsabilidad para este pequeño! Sin embargo, desde ese momento se ve cómo *empieza a desarrollarse un fuerte, poderoso y transparente liderazgo,* dirigido por el Espíritu Santo en la persona del Samuel.

➤ Es para Samuel una *fuerte prueba en su carácter de profeta de Dios,* aun pequeño, tener que *actuar, anunciar y enseñar la integridad de entregar el VERAZ mensaje de Dios,* tanto al sacerdote Elí, primero, luego a sus corruptos hijos y, finalmente, al desorientado pueblo de Israel. Con ese *reto de limpieza de corazón* se inicia su largo ministerio, y logra llevar al pueblo de Israel a una recuperación espiritual y material, ganando guerras y haciendo que nuevamente aparezca en el horizonte del pueblo de Israel un rayo de esperanza de llegar a ser una renovada nación bajo el gobierno de Dios. Pero, sin embargo, las *nuevas generaciones* insistieron en <u>tener un rey</u>, *como las naciones paganas.*

EJERCICIO: Preguntas para analizar la ilustración; por favor analice párrafo por párrafo:

1. Distinga, del primer párrafo, tres problemas sociales o ministeriales por los que atravesaba Israel. Después, aplíquelos al ministerio de hoy. ¿Han cambiado?

2. ¿Qué es lo que muestra el segundo párrafo?

3. Explique cuál fue el *propósito de Dios al enviar a un niño* a resolver tan tremendo problema; y cual su resultado en el liderazgo del profeta.

---

[1]CHAFEE, "ACCOUNTABLE LEADERSHIP", Cap. 1, p. 3.

4. ¿Qué lección para hoy nos muestra el párrafo último en sus variados aspectos?

Con mucha frecuencia, sumidos en el diario quehacer ministerial[2] en búsqueda de mejores recursos, nuevos proyectos o métodos para mejorar nuestros sistemas de trabajo; o de encontrar mejores formas de crecimiento, tanto personales como de nuestra congregación --- asuntos todos de carácter administrativo -- *tendemos a olvidar lo que es el centro en el proceso de prepararnos como líderes, que es: Servir a Dios con lealtad, cuidando del rebaño que tenemos a nuestro cargo.*

1. ¿De que proceso estamos hablando?

2. ¿Bajo que condiciones?

En realidad, olvidamos o descuidamos también *el problema central,* el cual tiene que ver con la *integridad de carácter en el líder que Dios quiere formar en nosotros;* lo cual requiere mucho más atención que otras cosas; es decir, la importancia que tiene *para con Dios* el habernos elegidos como líderes en su obra, y que seamos *investidos por Él de responsabilidad, autoridad y poder*, para ser *servidores confiables. Anteponer el éxito ministerial* en la apariencia de *lo natural o personal*, nunca debe ser la *prioridad en nuestra visión ministerial*, sino ante todo, el mantener la paz en *nuestra relación con Dios y con quienes están a nuestro cargo.* Esto cuenta más que cualquier otra cualidad de carácter en el líder. Sigamos el ejemplo del Señor Jesucristo, quien se dio en sacrificio por la Iglesia, pagando por ella con su sangre.

1. Además de lealtad, ¿Cuáles otras cosas espera de nosotros al llamarnos el Señor?

2. Que asunto ético no debe ser prioridad para desarrollar nuestro ministerio?

3. ¿Cuál debe ser lo prioritario, entonces? ¿Por que razón?

Podemos definir de muchas maneras lo que es liderazgo, pero ya estamos saciados de definiciones técnicas y necesitamos empezar a emplear *palabras muy precisas* para describir *por qué el líder pastoral debe de ser responsable,* es decir, capaz de *responder ante Dios y ante el mundo* de su deber como líder en su ministerio. Por lo tanto, *el centro del liderazgo,* al asumir responsabilidad *en las cosas de Dios se define,* no con victorias ni con alcances de crecimiento de congregaciones muy grandes o muy ricas, sino en una sola palabra, *"CONFIABILIDAD". El éxito no debe contar primero, sino la limpieza de manos y de corazón.*
1. Un líder confiable es un líder _____ que puede responder ante _____ y el _____, con su _____.

---

[2] Chaffee, pp. 10, 27-28.

La integridad de carácter es lo que *debe distinguir a un líder* que está encargado de una congregación y que dirige a la gente hacia un futuro espiritual, lejano y eterno. Este concepto *nos debe evitar pensar en que podemos obrar con nuestras habilidades y hacer las cosas por nuestros propios fueros;* mucho menos ser jueces y apuntar a aquellos que o fracasaron, tropezaron o cometieron faltas pequeñas o grandes, pero tristes; porque viéndolo bien, aun *el mismo Señor Jesucristo fue traicionado por Judas; negado por Pedro; y que diremos del rey David y de Salomón.*

1. ¿Por que es la *integridad de carácter* algo vital en un líder cristiano o pastor?

2. Dos cosas debemos considerar como peligrosas ¿Cuáles son y por que?

3. La característica central de nuestro ministerio debe ser, por tanto

_____ o dicho de otro modo: _____

_____.

Examinemos *el ejemplo de Salomón* que, cegado por las bendiciones de riqueza y conquistas, *falló grandemente al heredarle a Roboam,* un hijo altivo y orgulloso, *un trono y una vida de comodidad y opulencia*; quien por lo mismo, tácitamente *se negó a establecer esa sencilla y tierna relación con Dios* de que hablamos. Por esa actitud de "Yo lo puedo hacer mejor", se desató una guerra civil que terminó *dividiendo el reino* que su abuelo, el rey David había logrado unificar y extender enormemente. El resultado vino a ser *dos reinos alfeñiques,* en medio de *potencias ambiciosas* de poder y conquista, en las manos de las cuales *finalmente cayeron y fueron esparcidos por el mundo y llevados a cautiverio.*

1. Narre en pocas palabras, el peligro de descuidar nuestro desarrollo y sus resultados funestos.

CONCLUSIÓN:

No estamos hablando de perfecciones, por el simple privilegio de ser distinguidos y *llamados por Dios para trabajar en su viña,* o porque nos consideremos más hábiles que los demás; porque tenemos otro *ejemplo de fracaso* como líder de Israel en *el rey Saúl,* quien habiendo sido ungido por el profeta, lleno del poder del Espíritu Santo, en su desbarre, *haya recurrido a una adivina* y mandarle traer al profeta Samuel ya muerto. (1 Sam. 28:7ss). Sino que hablamos de *corazones* agradecidos que, por *la confianza que Dios ha depositado en nosotros*, de dirigir a un pueblo de almas para llevarlas al cielo (o ¿al Infierno?), *debemos ser consientes de que vamos a actuar en nuestra vida ministerial de tal modo, que la gente que nosotros dirigimos, sea la primera en sentirse confiada, segura de que su pastor/líder no los va a traicionar nunca;* no los va a dejar solos, y en los momentos más cruciales, pase lo que pase, él estará ahí y *les hará sentirse protegidos, auxiliados y seguros, porque su líder es una persona responsable que sabe responder por el destino de ellos y su salvación ante Dios, cuantas veces así se lo requiera.*

Chaffee dice[3] que, *cada uno de nosotros que se incorpora a servir al Señor, es uno de esos escogidos que el Señor ha puesto para llevar a cabo la complicada responsabilidad de conducir una comunidad de adoradores, a una feliz forma de koinonía, tanto en adoración como en el sometimiento a Dios, encaminándolos al cielo.* Cada uno de nosotros representa a los *millones que han sido escogidos* por Él a través de los siglos pasados, con este fin, y que han sabido preservar la verdad del Dios único y verdadero. *¿Cuál es tu reacción como llamado a esta estirpe de sacerdotes y gente santa?*

1. Te invitamos para que hagas memoria de cómo llegó hasta ti este llamamiento; y medites si vale la pena esforzarte en mantener esta Ética de Responsabilidad, con integridad sirviendo a tu Rey.

PARTE II. COMO SE JUSTIFICA LA ÉTICA MINISTERIAL COMO ESTUDIO.
INTRODUCCIÓN.

Trull & Carter[4], autores del libro "Ministerial Ethics" (Ética Ministerial), nos introducen con una frase que más o menos justifica la razón para escudriñar a fondo *el tema de la ética en el mundo en general y en el ambiente ministerial también*; y que nos hace recordar los diarios insultos que a través de Tweeter, de Facebook y de los medios, se intercambian entre los candidatos a la presidencia de los Estados Unidos, que reflejan el nivel ético que se vive hoy en el mundo en general. Dice dicha frase:

"Políticos, científicos, médicos, líderes industriales (y agregaría, gubernamentales), los ciudadanos comunes y nuestros clérigos se encuentran con más frecuencia cada día ante situaciones en las que no saben qué hacer… La sabiduría convencional (humana, claro) se presenta lastimeramente inadecuada para nuestro moderno ambiente tecnológico, político, económico y social".

Sigue diciendo[5], que la Ética Ministerial no puede *seguir siendo ignorada*, solamente *asumiendo* que los que son llamados al ministerio pastoral son, *por "naturaleza"*, moralmente éticos. Y nos preguntamos, ¿Cuáles son los factores o *evidencias que lo justifican*? He aquí las siguientes razones:

1. *"Las fallas morales entre los ministros son demasiado comunes hoy día… La crisis presente en la Ética Ministerial es solo el reflejo e influencia de la sociedad que nos rodea… El ambiente de hoy está plasmado de disfraces políticos, manejos corruptos en el mercado financiero, incluyendo movimientos bancarios ilícitos, lavados de dinero procedente de carteles de drogas, así como los manejos millonarios en el mundo de los deportes y los medios".* [Traducción].

2. Durante la década 80-90, cuando *empezaron a popularizarse los televangelistas* en los Estados Unidos, surgieron de entre ellos [y muchos otros], casos de *fraudes económicos y de conducta inmoral* que *atrajeron la atención de los dirigentes de*

---

[3] Chaffee, p. 5.
[4] Joe E. Trull/ James E. Carter: Ministerial Ethics, © 1993, por Broadman & Holman, p. 9-10
[5] Trull & Carter, p. 10.

denominaciones y directores tanto de *seminarios, así como de decanas encargados de desarrollo académico,* los cuales se encontraron ante *un gran vacío* en esta área de materiales de enseñanza sobre <u>Ética Pastoral;</u> lo que vino a resultar en la publicación de varios libros, incluyendo el suyo.

"Un estudio de *los ceses de pastores* ocurridos en esa época en la Iglesia Bautista del Sur, reveló que el área de "inmoralidad" era sobresaliente… Este estudio definió la "inmoralidad" como 'mala conducta sexual, mentir y mal uso o malversación de los fundos de la Iglesia'. Se consideró, además, que la falta de responsabilidad y ausencia de criterios profesionales específicos entre los pastores habían contribuido en sus fallas éticas." *[Traducido del inglés].*

3. En los estudios e investigaciones[6] del por qué de dichas fallas se encontró que "…el Ministro ocupa <u>un lugar muy especial entre las vocaciones</u>… Ninguna otra vocación es de exigencia moral comparable como lo es el ministerio pastoral cristiano. …Los ministros *[pastores]* <u>caminan por una 'cuerda floja'</u> *[por la variedad de responsabilidades que tiene que desempeñar durante solo una semana de ministerio].* Un momento pueden servir de profetas, sacerdotes, o educadores y evangelistas; y enseguida, se convierten en administradores, consejeros, financieros o líderes de alabanza. Cada una de estas facetas representa un dilema ético, un reto que los expone a vulnerabilidad moral, que en otras profesiones no se presentan. *[Con sobrada frecuencia]*…un peligro constante del pastor, es el caer en la trampa de lo sexual… que va desde una simple atracción romántica, hasta lo más indigno de su postura como un ministro de Cristo. *[Pero]*…el peligro es mayor cuando el ministro asume una falta de ética en su carácter de líder y adquiere una actitud autocrática, manipulando a la gente y, deshonestamente, esforzándose para ser reconocido como un triunfador, con una iglesia "envidiable" o rica o numerosa, a costa de su integridad". *[Traducción].*

3. [7]"Desde los principios de la Iglesia Primitiva hasta el presente, al que es llamado a predicar el santo Evangelio de Jesucristo *le es impuesto llevar una vida moral ejemplar,* al grado de ser "irreprensible" (1ª. Tim. 3:2). Ser un buen ministro siempre ha implicado el mantener no solo un mínimo de lo que es aceptable, sino *significa el asumir el carácter completo del Señor Jesucristo,* no solo en el aspecto de su gobierno ministerial, *sino en todas* las actividades de su vida… Por lo cual, los ministros necesitas establecer y formula <u>sus propios códigos</u> o usar modelos existentes. La aplicación de un código de ética pastoral debe incluir:

a. Especificar un perfil de los hábitos personales del pastor

b. Explicar cómo debe hacer sus decisiones financieras,

c. Describir o delinear sus obligaciones familiares,

d. Establecer los objetivos de su desarrollo pastoral.

e. Explicar y describir como serán sus relaciones con su congregación,

---

[6] Trull & Carter, p. 11
[7] Loc. cit., p. 15

f. Establecer objetivos sobre su ministerio y su impacto en la comunidad, y mucho más".

Hasta aquí, este argumento nos ha servido como puerta de entrada al tema inagotable de lo que es la Ética Ministerial en este Siglo XXI, en que nos ha tocado desarrollarnos como siervos en la Viña del Señor. En el transcurso de este estudio, esperamos cumplir, aunque en forma muy general, tocando los puntos mencionados en el código básico de Ética Ministerial sugerido por los autores de libro "Ministerial Ethics" *[Éticas Ministeriales]*, que nos sirvió de entrada a este hermoso tema y que continuaremos en el siguiente módulo.

MÓDULO DOS
CÓMO SE JUSTIFICA EL ESTUDIO
ACADÉMICO DE LA ÉTICA PASTORAL

"…no me avergüenzo del evangelio porque es poder de Dios a todo aquel que cree…" Rom. 1:16

PARTE I. ¿QUÉ PRINCIPIOS ÉTICOS DEBEN SER LAS BASES QUE CALIFIQUEN A UN PASTOR O LÍDER?

INTRODUCCIÓN. Un profesor de ética en un seminario en Estados Unidos, explica que se ha vivido bajo *la falsa creencia* de que hay individuos que *califican como buenos candidatos al ministerio* por tener un buen pasado y un elevado nivel de cultura. Pero esto no es verdad. Todo cristiano sabe que *nuestra condición caída* sigue en la carne y en el ambiente que nos rodea.

Preguntas para ser discutidas en la clase:
➢ ¿Qué significa ser bueno?
➢ ¿Un joven que siente su llamado para el ministerio, puede ser calificado éticamente bueno para ministrar?
➢ ¿El hecho del llamado lo califica como de carácter íntegro e implica que sea éticamente apto para guiar una congregación?
➢ ¿Por qué si o no?

1. Otro profesor de la misma materia hace una buena contribución al discutir aspectos de la Ética Ministerial en áreas muy complejas relacionadas con *decir la verdad* y también sobre el tema del *uso de autoridad* y la forma en que el pastor establece *relaciones personales*. Chafee[8] presenta al respecto, preguntas muy acertadas a las que debemos responder. Algunas de ellas se consideran aquí:

a. ¿Qué significa *decir "la verdad"*?

b. En el ministerio: ¿Es éticamente adecuado *esconder algunos problemas* como lo hacen algunos, o es mejor *hablar de ellos abiertamente*?

c. ¿Cuál es la diferencia entre *usar y abusar de autoridad,* y en donde se encuentran los límites?

d. ¿Qué es más importante: desarrollar *un liderazgo de "control"* o un liderazgo de *"poder"*?

---

[8] Chafee, p. 194-98

e. ¿Cuál es la diferencia *entre acoso y abuso sexual y* cómo podemos distinguirlas y de cuantas maneras.

f. ¿Que debe significar para un pastor [en su aceptación completa] *la integridad financiera?*

g. ¿El acoso sexual y el abuso sexual podrían calificarse solo *como traición a la moral social, o profesional, o como arma de destrucción personal y social?*

EJERCICIO: Hágase un debate o asígnese cada inciso a un grupo; cada grupo reportará sus conclusiones finales.

2. Otro tema de gran discusión hoy en día es, *si realmente la ética se puede enseñar.* En un artículo que un periodista escribió en el *periódico New York Times* decía que los cursos de ética son el ejercicio más inútil que se puede dar, porque el *conocimiento abstracto de lo que es bueno* no contribuye al carácter de la persona, y resulta como *que alguien que estudiara anatomía humana,* por ese simple conocimiento, llegara a *aprender a ser un atleta.*

Por el otro lado, en el párrafo anterior, vimos que en los círculos religiosos encontraremos el argumento de que *la ética tiene otra concepción;* es decir, es el mito popular que asume que, el llamado a ministrar esta *automáticamente dotado de un sentido espiritual de lo que es recto moralmente,* por el mismo llamamiento. Sin embargo, *los que defienden la enseñanza de la Ética en los seminarios* por medio de los cursos que imparten, insisten en que un buen curso de ética ayuda a *instilar buenos hábitos morales* en el corazón del joven estudiante, y consigue cuando menos 4 cosas:

1. Estimular *su imaginación* al análisis de *la moral.*
2. *Obligar a la mente* a hacer análisis de *lo que es realmente moral y lo que no es.*
3. Proponer e *impactar en la mente del alumno* un sentido de *obligación moral para su ministerio.*
4. Motivar al alumno a *aplicar los parámetros de ética* como *herramientas útiles* al tomar decisiones.

EJERCICIO: Tomar 3-5 minutos para conversar sobre el párrafo y escribir una conclusión.

Ahora bien, con tantos *casos de inmoralidad ministerial* que se han venido experimentando durante las últimas 4 o 5 décadas en el ministerio, *tanto evangélico como del clero católico,* no nos parece exagerado el *enfatizar la necesidad* de que el estudiante de ética ministerial *adquiera un sentido real de responsabilidad* en este y en otros rubros. También enfatizar que, a fin de que *desarrolle destrezas para tomar decisiones* morales correctas, debe *entender lo siguiente:*

1. El papel que juegan en su *carácter las virtudes morales y los hábitos adquiridos en el mundo.*

2. *Sopesar* profundamente *sus valores personales de conducta adquiridos en su entorno familiar* a través de los años.

3. Debe preocuparse por establecer *parámetros bíblicos* para desarrollar *una visión ministerial* en completa armonía espiritual con la Palabra; es decir, *con una responsiva moral delante de Dios*. En otras palabras, aprender a saber cómo determinar o *distinguir, lo correcto de lo incorrecto según la mente de Dios*.

4. El compromiso ineludible de *llegar a poseer el carácter edénico del nuevo nacimiento*.

PARTE II. COMO ESTABLECER PARÁMETROS ESCRITÚRALES DE ÉTICA MINISTERIAL

INTRODUCCIÓN: La mayoría de los ministros aceptan *la autoridad de las Escrituras* como el criterio *más correcto a escoger,* que sirva a la iglesia, al pastor y sus líderes, *como brújula de ética,* para no salirse del derrotero divino y *lograr una armonía espiritual,* simplemente, porque está *de acuerdo con la mente de Dios.* Solo que esto tiene sus limitaciones si, o *no entendemos la Biblia correctamente,* o neciamente *la distorsionamos* para que diga lo que nosotros queremos que diga.

1. Naturalmente, *muchos de los problemas morales ya están bien definidos en la Biblia* éticamente; como por ejemplo, el asunto de los Diez Mandamientos; el asunto de la guerra; el asunto de la muerte; el asunto del divorcio; y el asunto del aborto. Pero existen hoy mucha áreas nuevas que debemos de considerar por ser hoy el pan de cada día. Por ejemplo:

a. La inseminación artificial y otros nuevos métodos científicos de *propiciar o evitar* el embarazo y el aborto.

b. Podemos considerar también la eutanasia y el derecho personal o libre albedrío del suicidio;

c. Los anticonceptivos; la vasectomía; las segundas nupcias; segundas nupcias de pastores; bodas "sagradas" ante un juez, o en un salón de fiestas, o en un parque o debajo de una palmera en una playa tropical, y más.

d. Las intervenciones quirúrgicas para cambios de sexo; o incluso trasplantes de órganos reproductivos para inducir la procreación en individuos transgénicos.

¿Cómo podemos asumir responsabilidad de tomar decisiones sobre asuntos que específicamente están ausentes en el texto bíblico?

EJERCICIO:

Se pueden escoger 5 de estos ejemplos para analizarlos como posibles problemas que pudieran incidir en nuestro ministerio; después, asignarlos a cinco grupos. Ellos los analizarán y reportaran sobre:

a. La postura bíblica correcta que la Iglesia debe tener ante esta situación si ocurre dentro de la congregación.

b. La reacción amorosa que Cristo tendría ante un pecador ignorante en estos casos.

c. El grado de intervención del ministro y sus primeros pasos de acción hacia tal problema.

d. ¿Qué medidas didácticas se deben aplicar para que no ocurran, al menos, por ignorancia.

e. ¿Cuáles otras medidas de prevención deben considerarse si las consecuencias son trágicas o destructivas, en forma personal o congregacional?

PARTE III. EL CARÁCTER EDÉNICO EN EL NUEVO NACIMIENTO

INTRODUCCIÓN: Lea el siguiente ensayo[9] corto sobre *su compromiso de poseer el carácter Adámico en Cristo.*

[Note que las partes en letra cursiva son para mejor entender su aplicación personal]:

1. El hombre Edénico. Todo el que se considere realmente cristiano, debe haber *"nacido de nuevo"* en el Espíritu, y dar muestra *[fruto]* de que tiene la *imagen de Dios renovada* por la obra de nuestro Señor Jesucristo. Y preguntamos: *¿Cuál es la imagen de Dios* que el hombre perdió al desobedecer a Dios en el Edén, y cuál *la semejanza con Él? ¿Qué imagen le había sido conferida a Adán? No podría ser la física,* puesto que Dios es *incorpóreo;* sino que el hombre fue hecho un "alma viviente" a la *imagen espiritual* de su Creador; y en cuanto a su *semejanza, se refiere a su carácter o personalidad,* según la semejanza del carácter divino de quien lo creó. Sin pecar, el hombre podría existir perpetuamente en este estado de limpieza espiritual. Pero desobedeció y se perdió de ese estado de santidad y fue echado fuera del Edén.

2. Nuestra imagen de Dios renovada. Sin embargo, por la *Obra de Restauración,* hecha en la cruz del Calvario por Jesucristo, la *conciencia de los valores morales perdidos,* nos puede ser restaurada: Que todo el mundo sepa que somos de Cristo porque *su carácter moral se refleja en nosotros* (Rom. 1:16.) Como *servidores de Dios,* a los líderes cristianos debe preocuparnos si realmente *reflejamos el carácter de Cristo o no.* Que hermosa relación nos espera el llegar a ser nosotros uno con Cristo Jesús.

¡Hermanos amados! Sí hemos sido levantados para llevar el Evangelio: que a través de nuestra prédica *no sólo prediquemos con Palabras,* sino que con nuestro carácter *reflejemos a Cristo.* Hagamos manifiestas al mundo las maravillas y poder de su Evangelio.

3. Nuestro deber de predicar. Dice el Señor Jesucristo en Juan. 17:20: *"Mas no ruego solamente por éstos, sino también por los que han de creer en mí por la palabra de ellos."* Este privilegio nos ha dado Dios, ser portadores de las nuevas de Salvación, "Para que todo aquel que en él cree, no se pierda, más tenga vida eterna." A él sea la honra y gloria por los siglos de los siglos. Amén.

El que persevere en *la convicción de una mente renovada* deberá llegar a la estatura del varón perfecto. (Leer y analizar Efesios 4:11-13). Preguntas: ¿Crees con seguridad que tú eres llamado para la obra de *edificar el cuerpo de Cristo*? ¿En el verso 11, quienes deben de llegar a la "estatura de la plenitud de Cristo"; ellos o tú?

4. Ejemplos: ¡Cuántos *ejemplos maravillosos* tenemos de varones y mujeres, que han dado muestra de *tener esa imagen renovada en su corazón!* Hombres como *Abraham, Jacob, Moisés, Elías, Lutero, Calvino, Wesley, Josué Mejía, Felipe Sánchez, Honorato Ocampo, Timoteo Gutiérrez, Malenita Guadarrama,* y tantos más; por mencionar sólo unos cuantos. Los mismos *apóstoles de nuestro Señor Jesucristo* son hermosos ejemplos, entre los cuales *destaca San Pablo;* hombre vano y perseguidor de la Iglesia

---

[9] De "Ensayos y Meditaciones sobre la Ética Pastoral", por Liborio Blanco,

antes de conocer a su Señor y Salvador Jesucristo; pero que en su camino a Damasco, *al encontrarse con Jesús,* al que venía persiguiendo, no sólo es *transformado en vaso útil y poderoso,* sino que ese fogoso temperamento en las manos del Señor Jesucristo, instantáneamente, lo *convierte en la imagen y semejanza de Dios* (Gálatas 4:19; 1ª Pedro 2:5). Por lo cual, *no pensemos nosotros pesimistamente,* como muchos cristianos, que el llegar a obtener esa imagen divina renovada en nosotros, *resulte ser algo muy difícil;* sino que *vale la pena esforzarnos por obtener ese milagroso don en nosotros, como siervos de Cristo.*

5. La Ética de alcanzar madurez espiritual. Todo cristiano que *ha tenido su encuentro con Cristo* tiene el *compromiso* de continuar *creciendo espiritualmente;* pero en los que Dios llama para servirle, *no solo es compromiso,* sino un urgente y *constante deber.* Porque para nuestro adversario el diablo, *los dirigentes de una congregación* son sus principales *blancos de ataque.* Por sus constantes ataques, nuestra fuerza espiritual muchas veces mengua, si no sabemos *blandir nuestras armas de contraataque.* Razón por la que, con *el ejemplo de Jesús en la tentación,* debemos tener siempre a la mano, como *armas de defensa,* textos de la *Santa Palabra,* que nos enseñen a *no depender de los cambiantes valores éticos del mundo* que nos ofrecen sus vanas formas de vida; o de *lo superfluo que es confiar* en nuestra *propias fuerzas.* Sino que echemos mano de las *armas poderosas de guerra espiritual* a nuestra disposición, como son la Palabra de Dios; la Sangre de Cristo; el poderoso Nombre de Jesús y el Espíritu Santo. Analicemos y apliquemos los siguientes textos como nuestra espada de fe:

EJERCICIO *[Todos los ejemplos abajo han sido marcados en cursivas para facilitar su análisis]:*

Usted debe explicar brevemente el significado de cada parte *numerada* del texto y *aplicarlo* a *su compromiso* de haber sido apartado para servir a Dios.

Arma # 1: Efe. 4:22-24. *"En cuanto a la pasada manera de vivir,*
1) despojaos del viejo hombre, que está viciado conforme a los deseos engañosos y

2) renovaos en el espíritu de vuestra mente, y

3) vestíos del nuevo hombre, creado según Dios en la justicia y santidad de la verdad".

Arma # 2: 1 Ped. 5:6-10 dice: *Humillaos pues, bajo la poderosa mano de Dios…* porque *él tiene cuidado de vosotros.*

1) Sed sobrios [centrados] y velad [estad alertas]; porque

2) vuestro adversario el diablo, como león rugiente, *anda alrededor buscando a quien devorar;*

3) al cual resistid firmes en la fe. [¿Cómo?]

4) Mas el Dios de toda gracia… él mismo os perfeccione, afirme, fortalezca y establezca".

Arma # 3. Rom. 12:1 *"…os ruego por la misericordia de Dios, que*
1) presentéis vuestros cuerpos en sacrificio vivo,

2) santo, agradable a Dios,

3) que es vuestro culto racional" [forma de adoración].

Arma # 4. Rom. 12:2: *"No os conforméis a este siglo* [mundo]*, sino*
1) transformaos por medio de la

2) renovación de vuestro entendimiento, [mente].

3) para que comprobéis cuál sea [es] *la buena voluntad de Dios, agradable y perfecta."*

1 Cor. 2:10; *"Pero Dios nos las reveló a nosotros*
1) por el Espíritu; porque

2) el Espíritu todo lo escudriña,

3) aun lo profundo de Dios".

1ª Cor. 2:16. *"Porque*
1) ¿quién conoció la mente del Señor?

2) ¿Quién le instruirá?

3) Mas nosotros tenemos la mente de Cristo."

Gal. 2:20: *"Con Cristo estoy juntamente crucificado, y*
1] ya no vivo yo, mas 2) vive Cristo en mí; y lo que ahora

2) vivo en la carne, lo vivo en la fe del Hijo de Dios,

3] el cual me amó y se entregó a sí mismo por mí."

MODULO TRES
¿ES ALCANZABLE
LA EXCELENCIA PASTORAL?

"No os conforméis a este siglo, sino transformaos por medio de la renovación de vuestro entendimiento…" *Romanos 12:2*

INTRODUCCIÓN. El Ministerio de la Palabra hoy, como en los días de Juan el Bautista "sufre violencia y solo los valientes lo arrebatan". En la tradición espiritual de ese gran profeta, hoy se necesitan pastores que quieran volar en las alas de la Excelencia Espiritual para poder ganar las batallas y retos que nos lanza el enemigo en estos últimos tiempos. Volar en las alturas de la excelencia espiritual, es una necesidad ineludible de cuantos se han incorporado al Ejército de los que habremos de pelear las últimas batallas para convertir al mundo, antes de que aparezca en las nubes nuestra "esperanza de gloria".

Deuteronomio 32:11 y 13, en el Cántico de Moisés, hablando de cómo Israel estuvo al cuidado de Dios en el desierto dice:

"Como el águila que excita su nidada,
Revolotea sobre sus pollos,
Extiende sus alas, los toma, los lleva sobre sus plumas,
… [a Israel] Lo hizo subir sobre las alturas de la tierra,
Y comió los frutos del campo,
E hizo que chupase miel de la peña,
Y aceite del duro pedernal…".

Para los cristianos las águilas son símbolos o tipos de los que vuelan en alturas poco comunes de la vida espiritual. Son un tipo de los que no se cansan ni se fatigan en el servicio a Jehová, aun en la vejez. En vez de aplicar la palabra "volar" para quienes servimos en la viña del Señor Jesucristo, podemos hablar de "impulsarnos", ya que este verbo implica un esfuerzo personal de fe, que nos permita ir cada vez más arriba y no simplemente permanecer inmóviles durante el vuelo. Porque en realidad, en la vida espiritual nos movemos "en" el espíritu (el nuestro) y "por" el Espíritu (el de Dios) para alcanzar las más nobles y altas metas, que de otro modo nunca lograríamos.

Sobre "alas" nos hace pensar en lo alto, lo sublime, lo espiritual, de lo celestial; de estar al completo cuidado de Dios. Movernos sobre las alas del Espíritu de Dios es increíblemente sublime, va más allá de nuestro entendimiento.

En cualquier ámbito de la vida, lo "excelente" es lo que sobre sale en su propia clase (Latín escellens, entis), y sobresalir en la vida en Cristo no tiene límites; es subir y subir; pero también, es descubrir una y otra vez, que estamos demasiados cortos de lograr esa excelencia. Luego, "vivir en excelencia" implica una vida de constante esfuerzo hasta el sacrificio, hasta alcanzar la "corona de justicia".

La Excelencia del Evangelio de Cristo. 2ª Corintios 3:5; 4:7, nos aclara:
"…no que seamos competentes por nosotros mismos
para pensar algo como de nosotros mismos, sino que nuestra competencia
proviene de Dios,… Pero tenemos este tesoro en vasos de barro,
para que la excelencia del poder sea de Dios, y no de nosotros,…".

La Excelencia del Evangelio, como obra de Dios a favor del hombre, va más allá de nuestra imaginación, pero en realidad, sólo la alcanzan a reconocer aquellos que la han experimentado en ellos mismos en el nuevo nacimiento.

Por Evangelio entendemos toda la obra del Señor para salvar al hombre, conjuntamente con sus consecuencias de redención y bendición, o maldición y castigo. Dios ha dado siempre los dones necesarios para anunciar este Evangelio glorioso como una luz a un mundo de tinieblas, y ha dotado de ministerios poderosos a quienes tienen que llevarlo por doquier.

La revelación del Evangelio completo es un misterio que ha sido revelado sólo a aquellos que han decidido someterse a la vida de santidad y que, poco a poco, a través de los siglos, nos han ido compenetrando en la armonía de sus partes, extrayendo con la ciencia divina de la Biblia, la impactante realidad de sus profecías y lo inimaginable de Su Gracia y Su Poder.

Pero la parte más importante para cada cristiano quizá, ha sido siempre el comprender:

¿Dónde entro yo en esa gran obra? ¿Cuál es mi participación en este misterio de restauración de la raza caída?

El Salmo 16:6 dice:
"Las cuerdas me cayeron en lugares deleitosos,
y es hermosa la heredad que me ha tocado".

¡Considera qué cosa más hermosa es, que tú y yo podamos contarnos dentro de este maravilloso Plan! *"…es demasiado maravilloso para mí; Alto es, no lo puedo comprender"*, dice el Rey David en el Sal. 139:6.

La excelencia de la obra del Evangelio en mí tiene un punto de partida: Ocurre después de mi salvación; mi gratitud de lo cual, me ha hecho sentir la urgencia de entrar en una DISCIPLINA PERSONAL para que el Señor pueda ejecutar en mi su obra de SANTIFICACIÓN, como lo dice Hebreos 12:5-6:
"…Hijo mío, no menosprecies la disciplina del Señor, Ni desmayes cuando eres
reprendido por él; Porque el Señor al que ama, disciplina,
Y azota a todo el que recibe por hijo".

Todo el que está dispuesto a entrar en esa DISCIPLINA está, de hecho, en el camino de alcanzar la excelencia espiritual. A su tiempo, nuestra SUMISIÓN a esta disciplina, empezará a dar su fruto, como lo dice hebreos 12:11:
"Es verdad que ninguna disciplina al presente parece ser causa de gozo, sino de tristeza;
pero después da fruto apacible de justicia a los que en ella han sido ejercitados".

¡OH, maravilla del misterio: perdernos en Cristo para llegar a ser instrumentos útiles en sus manos!

Este es nuestro punto de partida; y de ahí en adelante no hay límites, hasta llegar al mismo cielo.

¿Eres Llamado al Reino Solamente o Elegido para la Excelencia? *(Tomado del libro: "Ensayos y Pensamientos sobre la Ética Ministerial", por Liborio Blanco)*

1. Tenemos dos rutas para evaluar el perfil del que ha decidido tomar seriamente el llamamiento al liderazgo, ya sea pastoral o como apoyo a éste, llamado ayuda pastoral:

a. La ruta de la ética ministerial que propone lo que humanamente se espera de él.

b. La ruta de los parámetros basados en la Palabra de Dios; es decir, lo que Dios espera de él.

EJERCICIO: De los 2 cuadros abajo, coloque, de los parámetros humanos [izquierdo], los que se reflejen en el cuadro de parámetros bíblicos [derecho], escribiendo en el casillero de este, la letra del otro.

2. PERFIL DE SU CARÁCTER:

8 PUNTOS ÉTICOS IMPORTANTES DE SU VIDA:	PERFIL BÍBLICO DEL PASTORAL (Según 1 Tim. 3:1-7)
1. Carácter: a. Amoroso; b. Firme; c. Alegre; 2. Rasgos Imprescindibles: d. Vida de oración; e. Estudioso; f. Compasivo; g. Intachable. 3. Decoro: h. Presencia; i. Pulcritud; j. Puntualidad. 4. Propiedad en la Expresión: k. Claridad; l. Transparencia; m. Sinceridad. 5. Apto para enseñar la Palabra de Dios: n. Informado; o. Inspirado; p. Infundido. 6. Ejemplo de: q. Disciplina; r. Orden; s. Ayunar; t. Dar su diezmo a Dios; u. integridad; v. Templanza 7. Sabio en el Espíritu para: w. Administrar; x. gobernar; y. Escuchar; z. Hablar; aa. Disciplinar.	Pero es necesario que el obispo sea _____1. irreprensible, _____2. marido de una sola mujer, _____3. sobrio, - _____Prudente _____ decoroso, _____hospedador, _____4. apto para enseñar; _____5. no dado al vino, _____no pendenciero, (es decir, no contencioso), _____6. no codicioso de ganancias deshonestas, _____7. sino amable, _____apacible, _____8. no avaro [tendencia a la avaricia]; _____9. que gobierne bien su casa, _____10. que tenga a sus hijos en sujeción con toda honestidad (pues el que no sabe gobernar su propia casa, ¿cómo cuidará de la iglesia de Dios?); _____11. no un neófito, [sin experiencia] _____12. ...que tenga buen testimonio de los de afuera.

EJERCICIO: Describa por escrito, o a base de discusión en la clase cada asunto numerado.

3. PERFIL DE CARÁCTER DE LOS LÍDERES DE LA IGLESIA:
"Los diáconos asimismo, (continúa texto: vs. 8-11)

1. deben ser honestos, sin doblez,

2. no dados a mucho vino,

3. no codiciosos de ganancias deshonestas;

4. que guarden el misterio de la fe con limpia conciencia.

5. Y éstos también sean sometidos a prueba primero, y entonces ejerzan el diaconado, si son irreprensibles.

Las mujeres asimismo,

6. sean honestas,

7. no calumniadoras, sino sobrias, fieles en todo.

8. Los diáconos sean maridos de una sola mujer, y

9. que gobiernen bien sus hijos y sus casas.

10. Porque los que ejerzan bien el diaconado, ganan para sí un grado honroso, y mucha confianza en la fe que es en Cristo Jesús."

PARTE II. ATENCIÓN A SU FAMILIA
INTRODUCCIÓN. Repasando recientemente la *biografía de Juan Wesley*[10], el gran fundador del Movimiento Metodista, *me volvieron a impactar dos aspectos de su vida:* La dedicación de su madre [esposa del pastor anglicano Samuel Wesley] quien *fue madre de 19 hijos* (parece que sobrevivieron solo doce) quien *tan diligentemente se dedicó a educar a cada uno*, de modo que cuando llegaban *a la edad de doce años,* no solo eran aptos para ir al grado siguiente, sino *sabían griego y latín y además podían recitar de memoria amplias porciones del Nuevo Testamento*. ¡Que admirable ejemplo de dedicación de esposa de pastor con sus hijos!

El *otro aspecto notable de Wesley* que me impresionó, es que habiendo desarrollado un *ministerio tan exitoso, en 1751 a la edad de 48 años*, estando en el pináculo de su exitosa carrera, decidiera *contraer nupcias* con María Vassell, una viuda rica con dos hijos; y *que ¡haya fracasado!*, pues tres años después de la boda, ella tuvo que

---

[10] John Wesley Biography, Editors, TheFamousPeople.com (Internet)

abandonarlo, porque no pudo soportar sus continuos viajes y ausencias que, por estar tan profundamente entregado a su ministerio, no le permitieron llegar a formar una familia y un hogar. Ambos casos merecen consideración en esta sección en que trataremos sobre la ética del pastor con su familia.

1. Por que existe La Familia. De manera breve y generalizada, vamos investigar lo que nos muestra la Biblia respecto de la forma en que diseñó Dios, el Rey del universo, los elementos de la familia humana y sus funciones.

Instrucciones: Leer cada cita abajo; analizarla y escribir un resumen breve de su significado.

a. El orden de Dios en la familia.

1 Cor. 11:8

1 Cor. 11:9

1 Cor. 11:11-12

Col. 3:18

Col. 3:19

Cor. 3:20

Col. 3:21

b. En el orden familiar no cuenta tanto la *jerarquía de mando,* como la *responsabilidad* de cada elemento humano de la familia delante de Dios, quien es el que fundó, tanto el matrimonio como la familia. Cada nivel de la familia está perfectamente definido bíblicamente en obediencia a Dios, para crear armonía y felicidad. (Efe. 4:22-6:3).

c. El orden divino ha sido tergiversado por intervención de Satanás. Satanás ha aprovechado la inestabilidad espiritual del hombre caído, alterando las prescripciones divinas por cambios de reglas sociales y leyes de los gobernantes, en un mundo alejado de Dios. Aquí presentamos algunas alteraciones sociales que el diablo ha introducido para desnivelar la verdadera estabilidad de la familia:

EJERCICIO: Por favor explique en cada caso, cómo ha afectado a la cohesión de la familia cada uno de éstos cambios sociales.

➢ Liberación femenina. R.
➢ Tecnología y aumento de la ciencia. R.
➢ Medios de comunicación (televisión, telefonía celular, y más. R.
➢ Legislaciones gubernamentales. R. Los gobiernos han tenido que ajustar mañosamente sus leyes (completar)
➢ Atavismos. R. Hemos retrocedido al "secularismo" grotesco (completar)
➢ Democracia. R. La Revolución francesa y la era industrial desataron un laberinto sociológico y filosófico (complete)
➢ Familias disfuncionales. R. El "amor sin barreras", la drogadicción el alcoholismo que practica nuestra presente población, ha producido una sociedad (completar)

➢ Aborto. R. En una sociedad en frenesí sexual (completar)

➢ Los matrimonios homosexuales. Como un mal social, ¿Qué peligros representa para la iglesia y la familia cristiana?

PARTE III. EL MINISTRO GOBIERNA SU FAMILIA. 1ª. TIM. 3:1-5.

INTRODUCCIÓN. Existen varias razones por qué el que ministra una congregación debe cuidar el buen orden de su hogar, tal como este texto lo exige y explica. En el sentido de responsabilidad, Dios es un ser de orden, y los que le sirvan deben serlo igualmente, tanto en su hogar, como con la congregación que ministran, así como ante los de afuera. Pero en el aspecto familiar, el líder pastoral:

1. Debe conocer bien a cada miembro de los que constituyen su hogar,

2. Definirle a cada uno sus funciones dentro y fuera de la familia, según la Palabra de Dios,

3. Vigilando que dichas funciones las desempeñen bien en las tres áreas básicas en que se mueve su familia: a) En la casa; b) En la Iglesia; y c) En la Sociedad.

EJERCICIO: Por favor describa [lo que deben ser] las *funciones básicas* de *los miembros de su familia:* [Para cualquier duda, use el texto de Efesios 4:22-6:4].

➢ El varón:

➢ La mujer:

➢ Los niños:

➢ Los hijos: adolescentes y jóvenes

➢ Disciplina compartida en el hogar, la iglesia y en la sociedad por los esposos:
A. En el Hogar:

B. En la Iglesia:

C. En la sociedad que nos rodea:

4. Autoevaluación como padre/madre. El ejercicio que sigue, tiene por objeto reflejar cómo ha sido nuestro comportamiento con nuestra familia hasta hoy, con el fin de corregir esos rasgos que, muchas veces, nos parecen correctos o de muy poca importancia; sin embargo, son los pequeños detalles que corroen la medula de las relaciones familiares y traen tristes consecuencias.

(Por favor, responda sin detenerse en analizar cada pregunta)

EJERCICIO DE AUTOANÁLISIS: ¿DÓNDE ESTOY CON MI FAMILIA?

Este análisis personal tiene por objeto delinear un perfil IDEAL de mutua participación entre los cónyuges en su responsabilidad de mantener un hogar con valores básicos en la educación de los hijos, amándose ellos. Al finalizar, a través del tiempo, puede hacer esfuerzos de mejorar en los puntos débiles encontrados.

Sea sincero y conteste poniendo una x si está de acuerdo o en desacuerdo con la pregunta.

1. ¿Estuvo usted en el momento en que nacieron sus hijos?.................... SI NO
2. ¿Ha estado con sus hijos en sus momentos especiales? (como entrega de reconocimientos, graduación, participación deportiva, etc.) .... SI NO
3. ¿Invierte usted promedio de dos horas diarias para platicar con sus hijos sobre sus necesidades y problemas y para convivir con ellos?.............................. SI NO
4. ¿Planea con su esposo/a algunas estrategias para que la familia conviva? (cenas, salidas, cumpleaños, etc.)... SI NO
5. ¿Han organizado como familia algunas vacaciones en donde todos participen aportando ideas y hasta apoyo económico? .... SI NO
6. ¿Tiene paciencia para escuchar afectivamente cuando su esposo tiene alguna preocupación o duda?.. SI NO
7. ¿Tiene paciencia para escuchar afectivamente cuando uno de sus hijos tiene algún problema, ya sea escolar, sentimental, espiritual o personal?................ SI NO
8. ¿Después de escuchar el problema de su hijo, hace todo lo necesario para que ese problema quede totalmente resuelto? .... SI NO
9. ¿Siente deseos de llegar temprano a casa para disfrutar a la familia? .... SI NO
10. ¿Pospone o reorganiza sus compromisos para disfrutar a su familia? .... SI NO
11. ¿Le comunicas a su familia cuando algo le preocupa .... SI NO
12. ¿Le gustan los pequeños detalles con la esposa o de llevarle flores, regalos o invitarle a divertirse, aunque no sea su cumpleaños? .... SI NO
13. ¿Siente que su familia le escucha y apoya en todos los aspectos? .... SI NO
14. ¿Hace un plan de finanzas con su esposa/o e hijos? .... SI NO
15. ¿Les designa a sus hijos responsabilidades en el quehacer de la casa?........ SI NO
16. ¿Siente que está participando en la formación y educación de sus hijos? (Buenos modales, buenos hábitos de orden y respeto, tareas, escolares, etc.).............. SI NO
17. ¿Perdona o sabe pedir perdón si es necesario en un conflicto familiar?...... SI NO
18. ¿Se ocupa en la atención médica preventiva de la familia antes de que vengan las complicaciones?.. SI NO
19. ¿Promueve usted el culto familiar participando todos los miembros?......... SI NO
20. ¿Establece reglas justas en el hogar de acuerdo con su esposa sobre cómo educar a los hijos, sin provocarlos a ira?............................ SI NO

(Nota: Su calificación como padre/madre depende de cuántos desaciertos tuvo.

Como auto-calificarse: Solo cuente cuantas respuestas de NO tuvo. El expositor dará los resultados cuando todos hayan terminado. De otro modo, consúltelos al final de la pagina # 29.

RESULTADO: El alumno hará una lista de las fallas que tuvo; enseguida, escribirá una promesa a Dios de corregir en lo que falló; luego, se hará una pequeña oración sobre su promesa con todos.

NOTA: Es muy recomendable insistir en que los alumnos se identifiquen con esta promesa.

EJERCICIO: El pastor necesita establecer *parámetros éticos para su familia*; la mejor forma de hacerlo es escribirlos en forma de objetivos.

5. Los objetivos morales en la familia del pastor.

Para establecer parámetros éticos familiares de un pastor, la mejor fuente será siempre la Biblia. Analice cada cita bíblica abajo y escriba su interpretación.

Ejemplo: El texto me dice que yo debo de [completar, según el texto].

<u>Con mi esposa:</u>
1. Efe. 5:25: R.

2. Efe. 5:28; Mar.10:8-9: R.

3. 1ª. Ped. 3:7a. R.

4. 1ª. Ped. 3:7b. R.

<u>Con mis hijos:</u>
La lista que sigue es *un compromiso con mis hijos, que hago delante de Dios.*
Con la ayuda de Dios me comprometo a poner en práctica las siguientes estrategias:
a. Estar presente en el nacimiento de mis hijos.
b. Estar con ellos en sus eventos especiales escolares, deportivos, reconocimientos y más.
c. Esforzarme en apartar tiempo para convivir y platicar con ellos cada día.
d. Poner especial atención para escuchar sus problemas, necesidades y quejas.
e. Al escuchar sus problemas, veré que cada uno sea resuelto adecuadamente.
f. Me cercioraré que cada uno tenga sus responsabilidades en casa bien definidas.
g. Me preocuparé diario en su desarrollo de buenos hábitos espirituales y morales y sociales.
h. Me preocuparé en asignar a mis hijos responsabilidades de ministerio.
i. Seré responsable del culto familiar dando yo mismo el ejemplo.

5. Consejos sobre la formación del carácter cristiano en los hijos.
Favor de leer con cuidado el siguiente ensayo:

Se hace necesario *echar un vistazo a la condición moral del mundo* que nos rodea, antes de decidir *cuál forma de disciplinar* es la que la familia pastoral *debe adoptar para su familia.* En la sección de arriba hicimos un breve relato de *las condiciones morales del mundo moderno*, lo que sin duda ha tenido un *fuerte impacto* en la forma en que las *nuevas generaciones responden a la disciplina de la vida familiar cristiana*. El hecho de que el estudiante al ministerio, por lo general, *ha tenido alguna forma de experiencia traumática* en el transcurso de su propia vida, nos invita a considerar este tema sin rodeos ni disimulos de la verdad, pues *¿cómo queremos aprender a criar una familia sana en el Señor*, cuando nosotros mismos *no recibimos una crianza sana y cristiana?*

El reto que esto representa es que *no podemos "imponer" un código disciplinario con los hijos* si no estamos dispuestos a *admitir que nuestro ejemplo es más fuerte que nuestras palabras* o regaños y que lo único que puede *producir ese cambio en nosotros*, es rogando con lagrimas a Dios que el Espíritu Santo *imprima en nuestra mente, la mente de Cristo* (1 Cor. 2:16). Pero esto requiere de nosotros una disciplina de oración, de ayuno y del estudio y obediencia a la Palabra de Dios. Si nosotros no preparamos a nuestros hijos para la guerra espiritual, Satanás abrirá sus fauces para atraerlos con sus engaños modernos al mundo.

Debemos tomar en cuenta que *el entorno de nuestra familia es triple: sociedad; familia e Iglesia*. Cada pastor *debe platicar con franqueza y analizar* con su familia cada una de estas áreas y *su impacto en el desarrollo de nuestros hijos y de nuestra vida familiar* y establecer parámetros éticos; por ejemplo:

➢ Establecer ministerios para cada miembro de la familia reconociendo aptitudes y talentos, evitando así que el mundo los atraiga.
➢ Establecer metas espirituales para cada miembro de la familia para lograr su Salvación.
➢ Establecer la disciplina del culto familiar con la participación de toda la familia sin excepción.
➢ Establecer un código de comportamiento en el hogar, con incentivos antes que castigos.

Johnson & Goldman en su libro cristiano, *The Essence of Parenting* (La Esencia de ser Padres), ofrecen los siguientes consejos:

"Los libros sobre técnicas de corregir a los hijos saldrán sobrando *si no corregimos lo que hay dentro de nosotros como padres*, sea obvio o no; porque eso *va a afectar a nuestros hijos*, y es más fuerte que nuestra devoción por ellos". "…lo importante es saber que podemos cambiar, porque *si nosotros logramos tener contentamiento y armonía con nuestro "hombre interior"*, eso tendrá el mismo efecto en la disciplina de nuestra familia entera.

CONCLUSIÓN:

Solo debemos *ser sinceros con nosotros mismos y con Dios* cada momento de nuestra vida y entregarle nuestra voluntad total; *tener el valor para decirle al diablo que tenemos la semejanza de Cristo* y mostrarle que hemos sido renovados por *el Espíritu que ahora nos habita* (Gal. 4:6) y, naturalmente, mostrarle el fruto también (Gal. 5:22-23): *"Mas el fruto del Espíritu es amor, gozo, paz, paciencia, benignidad, bondad, fe, mansedumbre, templanza…"*

Haga de estos dos textos *su espada de dos filos* que penetre en el alma de sus hijos desde la más tierna edad posible, *bendiciendo, no castigando, ni gritando, ni golpeando;* y pronto veremos el resultado de *nuestro ejemplo.*

Un asunto más a cerca de dar ejemplo; si tiene hijos *que sufrieron por su antiguo comportamiento,* llámelos con amor y *pídales perdón y hábleles de su cambio en Dios.* Hagamos a un lado las "correcciones" que los métodos disciplinarios de los consejeros del mundo enseñan y *empecemos a "bendecir" a nuestros hijos, imponiendo sobre ellos nuestras manos en oración* cada día en el culto familiar:

➢ *Fomentemos en ellos buenos hábitos* de orden y disciplina, estableciendo criterios disciplinarios *con el ejemplo y con la Biblia.*

➢ Empecemos su formación de *gozo y armonía en el hogar* desde su más temprana infancia.

➢ Ambos padres *juntos, deben diseñar un código de comportamiento* que sea claro para los hijos, pero *no demasiado rígido ni complicado* (puede ponerlo por escrito como reglas visibles *según la edad).*

➢ Oremos y tengamos paciencia para *ver el fruto* a su tiempo. *No dudemos,* Dios es fiel.

➢ Debemos establecerles *límites de acción según su edad y sexo,* dentro y fuera de casa; y no desesperarlos, como dice la Escritura; *pero cuando fallan* en cumplirlos, como *un coach en el gimnasio* de la vida, acláreles *cómo pueden mejorar.*

➢ Tarde o temprano mostrarán *su propio temperamento.* No esperemos que el mismo *patrón de comportamiento* tengan todos; dejemos que *expresen su personalidad.*

➢ No permitamos *que nada interfiera con el Culto familiar* [aunque sea breve] para bendecir a nuestros hijos, *imponiendo nuestras manos sobre ellos,* acariciándolos y cubriéndolos con la *sangre del Cordero, Cristo el Señor.*

RESULTADOS DEL AUTOEXAMEN, pag. 26.
(Para el instructor: 0 NO= excelente; 1 NO= deficiente; 2 NO= muy mal; 3 NO= Reprobado).

MODULO CUATRO
ÉTICA PRÁCTICA EN
EL PASTOREO A LA IGLESIA

PARTE I. CONSEJOS PRELIMINARES DE LA ÉTICA PRÁCTICA.

Después de considerar la urgencia de que el ministro sepa tomar decisiones criticas, Trull & Carter[11] nos proponen pensar sobre la *necesidad de limpieza en el comportamiento moral del ministro de Cristo* en el momento de tomar *decisiones cruciales.* La cruda realidad es que el ministro, *a diario debe tomar decisiones que afectan las vidas de mucha gente,* incluyendo la suya. Sin embargo, al considerarlo él, *con frecuencia se pregunta: "¿Hice lo que debía de hacer?* E incluso se pregunta: *¿Cómo puedo mejorar al tomar decisiones,* en el sentido de tener una *buena disposición y pensamientos limpios,* que me beneficien y *produzcan en mí un digno servidor de Cristo?*

Porque en nuestro fervor de *querer superar nuestra propia capacidad humana,* fácilmente seremos atrapados en la peor de las trampas que es *la sobre carga de trabajo,* que solo trae como resultado *la excesiva fatiga,* y ella *nos puede "quemar y "apagar".* Por lo cual, tal como lo haremos con nuestros hijos, *diseñándoles códigos de "estándares" de límites,* según su grado de madurez, hagámoslo así nosotros, *diseñando para nuestro ministerio, "códigos de parámetros",* con los que podamos fácilmente *comprometernos a cumplir,* dando así, lugar a futuros y mayores alcances.

Para responder a estos cuestionamientos, [Chaffee[12], Ethics, pp.10-15] recomienda el uso de *modelos de códigos* de parámetros "estándares" tanto los existentes, como los que podemos diseñar adaptándolos a nuestras propias necesidades, los que tanto el pastor, como sus líderes locales, puedan definir en forma específica, tanto a la congregación, como para ellos mismos; tales como:

➢ Definirse *a sí* mismo como pastor en lo que *espera poder alcanzar* en el desarrollo de su vida ministerial *(su visión).*

➢ Reconocer y definir claramente *lo que el/los grupo/os que está/n bajo su cargo espera/n de él* como líder de ellos *(su responsabilidad de líder.*

➢ Debe definirse *a sí mismo y a ellos también: cuál sea la expectativa de parte de ellos;* así como *su responsabilidad ante Dios,* pidiéndoles que lo pongan por escrito, en forma de *objetivos.*

➢ Insistir en que *sus dirigentes y ayudas pastorales pongan también por escrito sus responsabilidades ante él como su líder y ante Dios.*

➢ Asumiendo lo anterior, *debe saber definir en forma transparente los limitantes de acción que él tiene; es* decir, lo que le es permitido y lo que no le es permitido, de acuerdo a los *estatutos y tradiciones de su grupo denominacional.*

➢ Tanto el pastor/líder, como sus subalternos, *todos deben tener objetivos, metas y reglas personales muy claras* con las que puedan asegurarse de que la comunidad

[11] Trull & Carter, "Ministerial Ethics", p. 43.
[12] Chaffee,

cristiana a su cargo siempre esté en *un mínimo riesgo de peligro* y hasta donde sea posible, *libre de abusos.*

El autor[13] aclara diciendo, que *de acuerdo con su ética responsable, el pastor debe reconocer que está asumiendo la prerrogativa* de dirigir a su comunidad de creyentes a su cargo, a un destino de seguridad permanente [con Cristo]; pero, del mismo modo, *la congregación debe otorgar también su confianza que deposita en su líder, la cual debe reconocer ser fiel, transparente, honesta, leal y responsable.*

Estas consideraciones nos llevan a la necesidad de que *construyamos un programa de códigos efectivo, definiéndole a la congregación sus propios objetivos;* haciendo lo mismo con cada uno de los que, de alguna forma contribuyen a *nuestro ministerio en responsabilidades espirituales y administrativas* de riesgos; *exigiéndoles ser transparentes y ordenados en ellas.* Siempre que sigamos esta línea de rectitud, no nos estaremos esforzando por un gran crecimiento numérico, pero sí, *cumpliendo con las expectativas éticas de nuestro ministerio ante Dios.*

Por tanto, aunque *nuestra ética* debe estar basada en *integridad, transparencia, honestidad, lealtad y responsabilidad,* a menudo estos términos resultan demasiado ambiguos o un tanto nebulosos; por lo cual, lo mejor será *diseñar un código básico de ética sobre el cual podamos actuar;* pues en realidad, lo que debe desear todo pastor para su congregación, *es saber cuidar del rebaño a su cargo desde todos los puntos de vista posibles [Sal. 23[.* Los siguientes que damos aquí, son solo *ejemplos de parámetros* que podemos hacer nuestros, o usarlos como guía para el futuro; el autor los considera básicos para un inicio de comportamiento ético ministerial.

MI CÓDIGO ÉTICO BÁSICO COMO SERVIDOR DE DIOS
Por favor entérese de este compromiso ético, poniendo sus iniciales en el espacio de cada punto leído.

___1. En mi ministerio, consideraré a todas las personas con el mismo respeto, decencia e imparcialidad dentro y fuera de la iglesia.

___2. Consideraré como santas todas las confidencias que otros me confíen.

___3. No haré uso de mi posición, poder, o autoridad para explotar a nadie.

___4. Me abstendré de utilizar mi posición para obtener ganancias financieras, personales o ilícitas.

___5. Tampoco haré mal uso de las finanzas de la institución a la que sirvo.

___6. Nunca tomaré la iniciativa para intervenir en los asuntos de otra congregación, aunque algún miembro me lo pida, sin consentimiento del pastor local.

___7. Hablaré con plena honorabilidad de mi predecesor, y de las facultades de mi sucesor.

___8. Cuando alguna persona me haya confiado sus intenciones de suicidarse, debo obrar oportunamente para evitarlo, incluyendo dando parte a las autoridades médicas y psiquiátricas, a fin de otorgarle toda la ayuda necesaria de mi parte.

---

[13] Chaffee, p. 5.

PARTE II. EL CUIDADO DEL REBAÑO DEL SEÑOR.

Todos los códigos éticos, sea que nosotros los construyamos, que modifiquemos algunos de "estándares" pre-diseñados o simplemente los usemos como están, su mayor valor estriba en que siempre nos mantendrán conscientes de nuestro *status quo,* y de nuestra capacidad de ir avanzando y no permanecer estáticos y sin progreso. Ellos son los horizontes de nuestro desarrollo ministerial.

CÓDIGO BÁSICO DE MI ÉTICA PASTORAL SOBRE EL CUIDADO DE MI REBAÑO

1. Con dedicación y sujeto al Espíritu Santo, buena fe y prudencia, yo pastor, me esforzaré al máximo de mirar por los intereses y bienestar de mi congregación bajo cualquier circunstancia, ofreciéndole, en el más alto nivel de mi responsabilidad espiritual, el mejor cuidado bajo las mejores circunstancias posibles.
2. Yo pastor, responsable del rebaño a mi cargo, estaré consciente de mis limitaciones de poder, respetando y consistentemente viviendo dentro de un marco ético de dicha autoridad, impuesta en mi por Cristo el Señor y las leyes que la gobiernan.
3. Yo pastor responsable del rebaño, me mantendré informado sobre las reglas y estándares que se estipulan en los estatutos [by-laws] de la jefatura del gobierno central que me ha nombrado, más los recursos que las puedan enriquecer en sus acciones, así como los requisitos de ley que la gobiernan.
4. Yo, pastor responsable del rebaño, propiciare un medio ambiente de seguridad para su congregación, obedeciendo las reglas institucionales que lo rigen, para beneficio de los miembros de mi congregación, sus familias y huéspedes.
5. Yo pastor, me compromete con Dios, con las autoridades civiles, con la Iglesia y sus colaboradores, a hablar siempre con la verdad.
6. Yo pastor responsable, pondré especial atención a que, en las finanzas de la Iglesia, yo mismo en persona, o mis colaboradores que intervienen en ella, nos abstengamos de obtener ganancia personal de la congregación a mi cargo, actuando siempre con limpieza.
7. Yo, como pastor responsable, estableceré siempre buenas relaciones, o las construiré, o las uniré dentro y fuera de la Iglesia; con extraños, con visitas, con proveedores, con miembros de mi congregación y las autoridades locales.
8. Yo, como pastor responsable, me preocuparé constantemente por el progreso, tanto espiritual como moral y material de mi congregación y la comunidad que la rodea.
9. Como líder responsable, reflejaré mi autoestima con respeto hacia todos, empezando con mi propia persona.
10. Como buen líder responsable, me rodearé de la mejor información a mi alcance, sobre mis tareas ministeriales, como son revistas, publicaciones profesionales y buenos libros, así como otros elementos informativos para mantenerme informado, tanto yo, como la congregación a mi cargo; estaré siempre mejor informado que los de mi congregación.
11. Como buen líder, el pastor debe ser un fiel asistente a las juntas de negocios y

mantener notas de lo que se discute.

12. Un líder responsable se mantiene informado acerca de sus bylaws o constitución o artículos de incorporación, revisándolos constantemente.

13. Como líder responsable, debo interesarme en saber escuchar todos los puntos de vista antes de opinar o de concluir una plática y escuchar a otros antes de formarme opiniones.

14. Como pastor responsable, estaré al día sobre los estados financieros de mi congregación y cuando no entiende algo, consultaré con quién sepa (de preferencia mi contador o algún experto en la materia).

15. Mantendré al corriente todos los documentos oficiales de mi congregación en una carpeta especial para ello, incluyendo estadísticas, membresía, cifras financieras; es decir, todos los datos especiales que pueda requerir el gobierno o mi superior en cualquier momento.

16. Como líder responsable, mantendré una relación amistosa y correcta con todos los que cooperan en mi ministerio, evitando, si existen empleados, que estos tengan una terminación de empleo desfavorable, que pueda producir demandas.

17. Como pastor y líder responsable evitaré situaciones difíciles o de peligro en las que alguien de la congregación pueda resultar herido o lastimado y que pudiera ser causa de una demanda.

PROMESA COMPROMISO:

Señor Jesucristo: Habiendo leído cuidadosamente los parámetros éticos del Código Básico de Ética Pastoral arriba, en esta fecha M____/D_____/A_____, yo, _____, te prometo que, así como tú te sacrificaste por tu esposa la Iglesia, según Efesios 5:25-27, del mismo modo, me comprometo a cuidarla en todos los aspectos materiales, morales, doctrinales y espirituales, siguiendo estos parámetros, apelando siempre a la ayuda de tu Espíritu Santo.

Firma: _____

Nombre:_____

BIBLIOGRAFÍA

1. Royston, Edgar, DICCIONARIO DE RELIGIONES, Copyright 1996, Fondo de Cultura Económica, México. (Referencia: (Aplicaciones filosóficas del mundo moderno).

2. Ness, Alex W., TRIUMPHANT CHRISTIAN LIVING (La vida Cristiana en Victoria) © Christian Center Publications, Toronto, Canadá. (Carácter Cristiano).

3. Blanco, Liborio, ENSAYOS Y PENSAMIENTOS SOBRE LA ÉTICA MINISTERIAL, (ibook), © por GRAPHÉ PUBLICACIONES (pendiente) (Referencias sobre la Ética en el Mundo; Imagen de Dios renovada en el cristiano).

4. SANTA BIBLIA, *BIBLIA DE ESTUDIO HARPER/ CARIBE,* Reina/Valera, Revisión 1960.

5. Doughty, Steve, TO WALK IN INTEGRITY, Spiritual Leadership in Times of Crisis, © por Steve Doughty, Publicado por Upper Room Books, Nashville, TN, USA. (Carácter Cristiana).

6. Chafee, Paul, ACCOUNTABLE LEADERSHIP, © 1993 por Paul y Jan Chafee, Church Care Publishing, San Francisco, USA. [Desarrollo académico de la Ética; Códigos éticos básicos; y mas]

7. Joe E. Trull & James E. Carter, MINISTERIAL ETHICS, © 1993 por Broadman & Holdman Publishers, USA. [Desarrollo ministerial; construcción de códigos éticos estándares y más].

8. Cook, David, EL LABERINTO DE LA ÉTICA, © 2004 Editorial CLIE, Barcelona, España. [Ref. sobre el impacto del mundo moderno en la Iglesia y más].

9. L. Blanco. PRACTICA DE LA ÉTICA MINISTERIAL, © 2015 por GRAPHE PUBLICACIONES. Referencias sobre: [Carácter Ético del Pastor; Los Alertas de su Comportamiento; desarrollo de la visión ministerial]

10. Díaz A., Noé, Manual sobre "La Responsabilidad de los que Enseñan", ICEAR. Referencias sobre la buena comunicación.

11. John Wesley Biography, Editors, TheFamousPeople.com (Internet)

El AUTOR

LIBORIO BLANCO

El "hermano Libo" como todos le dicen, nació en la ciudad de México en 1930. Estudió la carrera de Enfermero en el Ejército Mexicano. Hizo sus estudios universitarios en la Universidad de Oklahoma y trabajó como maestro de Biología y Química en Preparatorias en varias ciudades de Texas y en Los Ángeles, California, muchos años. En 1966 se inicio en el trabajo editorial con la División Internacional de McGraw-Hill Book Co. Posteriormente con Nueva Editorial Interamericana de libros médicos. Su carrera ministerial la inicio en 1982, al graduar del Instituto Teológico San Pablo. Como presidente del Presbiterio de Guanajuato, inició el Instituto Teológico San Pablo del Presbiterio, así como el mismo Instituto Teológico San Pablo, sede en USA, en Los Ángeles, California. Ha escrito extensamente materiales didácticos para ambas instituciones.

www.ingramcontent.com/pod-product-compliance
Lightning Source LLC
Chambersburg PA
CBHW080154070426
42447CB00037B/3439